ESTÁNDARES COMUNES

Autoras del programa
Alma Flor Ada
F. Isabel Campoy

Printed in the U.S.A.

ISBN 9780544155916
2 3 4 5 6 7 8 9 10   0868   22 21 20 19 18 17 16 15 14

4500487433   A B C D E F G

Unidad 1

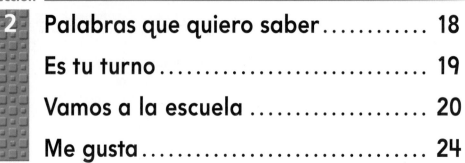

Unidad 2

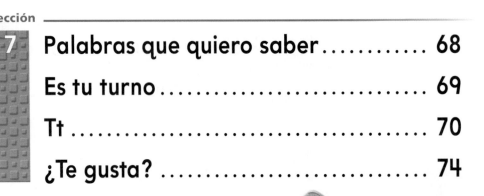

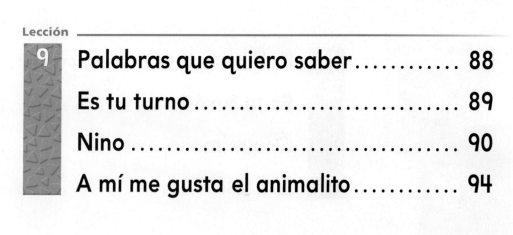

Unidad 3

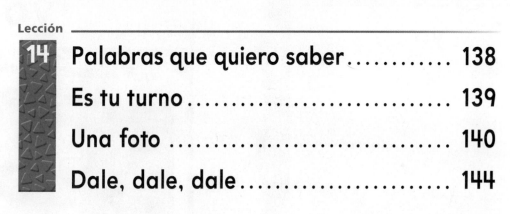

Leamos juntos

Palabras que quiero saber

▸ Lee la palabra.

▸ Habla acerca de la ilustración.

¡A jugar!
por Susan Gorman-Howe
ilustrado por Sue Dennen

Yo lo hago así
por Susan Gorman-Howe
ilustrado por Anthony Lewis

 PALABRAS QUE QUIERO SABER
Palabras de uso frecuente

yo

Librito de vocabulario

Tarjetas de vocabulario

Hermanas y hermanos

 RI.K.1 ask and answer questions about key details; **RF.K.3c** read common high-frequency words by sight; **SL.K.2** confirm understanding of a text read aloud or information presented orally or through other media by asking/answering questions and requesting clarification

Aprende en línea

yo

Dicen que yo tengo una familia grande.

Es tu turno

Coméntalo

Las familias son diferentes. ¿Qué tienen en común todas las familias? Comparte tus ideas con un compañero.

¡A jugar!

por Susan Gorman-Howe

ilustrado por Sue Dennen

Yo lo hago así

por Susan Gorman-Howe

ilustrado por Anthony Lewis

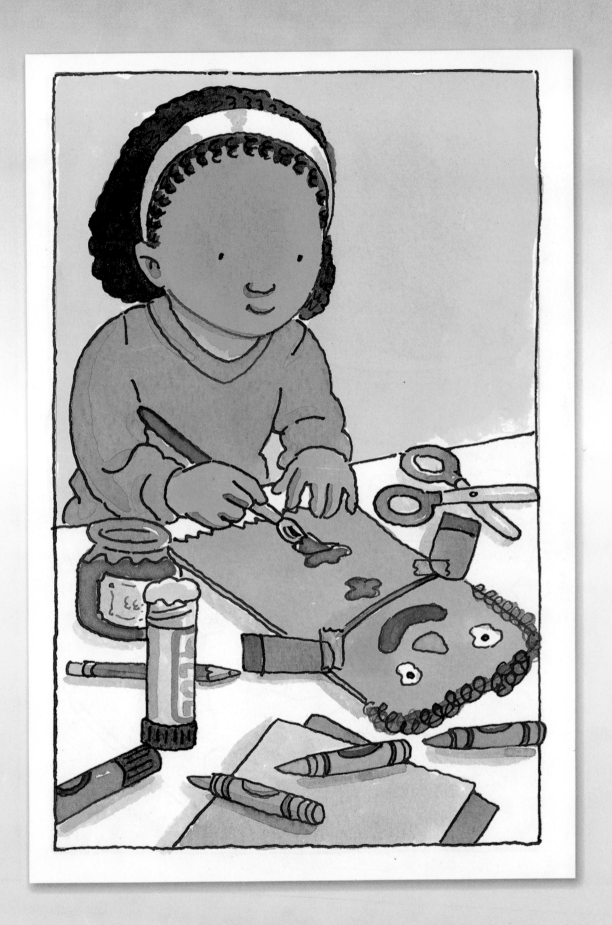

Leamos juntos

Vamos a la escuela
por Susan Gorman-Howe
ilustrado por Maryann Cocco-Leffler

Me gusta
por Owen Marcus
ilustrado por Maribel Suárez

✓ **PALABRAS QUE QUIERO SABER**
Palabras de uso frecuente

gusta

Librito de vocabulario

Tarjetas de contexto

Aprende en línea

Palabras que quiero saber

▶ Lee la palabra.

▶ Habla acerca de la ilustración.

gusta

¡Nos gusta ir a la escuela!

Es tu turno

Coméntalo

¿Por qué tenemos normas en la escuela? Coméntalo con un amigo.

Vamos a la escuela

por Susan Gorman-Howe

ilustrado por Maryann Cocca-Leffler

Me gusta

por Owen Marcus

ilustrado por Maribel Suárez

Me gusta .

Me gusta .

Me gusta .

Me gusta .

3

Leamos juntos

Palabras que quiero saber

La familia de Bebé Oso
por Susan Gorman-Howe
ilustrado por Angela Jarecki

La fiesta
por Ron Kingsley
ilustrado por Yvette Banek

 PALABRAS QUE QUIERO SABER
Palabras de uso frecuente

el

la

▶ Lee las palabras.

▶ Habla acerca de la ilustración.

el, la

¿Ves el perrito dentro de la caja?

Librito de vocabulario

Tarjetas de contexto

El cachorro
por Isabel Johnson

COMMON CORE

RL.K.3 identify characters, settings, and major events; **RF.K.3c** read common high-frequency words by sight

Aprende en línea

Es tu turno

Coméntalo

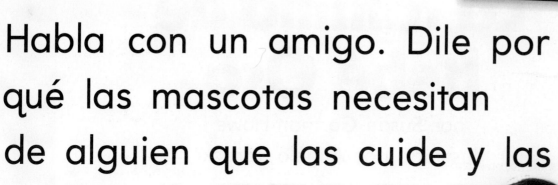

Habla con un amigo. Dile por qué las mascotas necesitan de alguien que las cuide y las atienda.

La familia de Bebé Oso

por Susan Gorman-Howe

ilustrado por Angela Jarecki

La fiesta

por Ron Kingsley

ilustrado por Yvette Banek

Me gusta el .

Me gusta el .

Me gusta la .

Me gusta el .

Lección 4

Leamos juntos

Palabras que quiero saber

Mm

por Dafne Davidson
ilustrado por Diana Schoenbrun

Me gusta la Mm

por Dafne Davidson

 PALABRAS QUE QUIERO SABER
Palabras de uso frecuente

y

Librito de vocabulario

Nuestros trabajos

por María Cira

Tarjetas de contexto

Él trabaja con un serrucho y un martillo.

Aprende en línea

ESTÁNDARES COMUNES **RI.K.3** describe the connection between individuals, events, ideas, or information in a text; **RF.K.3c** read common high-frequency words by sight

▸ Lee la palabra.

▸ Habla acerca de la ilustración.

y

1

Él trabaja con un serrucho y un martillo.

Es tu turno

Coméntalo

¿Qué tipos de trabajo realizan las personas? Díselo a un compañero.

Mm

por Dafne Davidson

ilustrado por Diana Schoenbrun

Mm

Mm

Me gusta la Mm

por Dafne Davidson

Me gusta la .

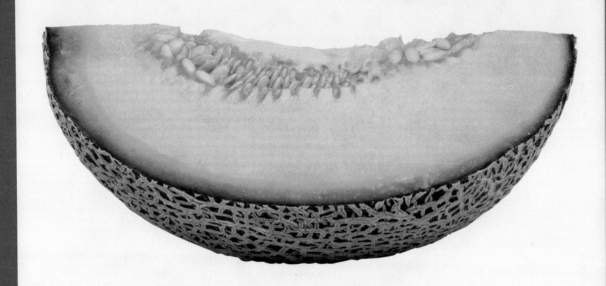

Me gusta el .

Mm

Me gusta el .

Mm

Me gusta el  y el .

47

5

Palabras que quiero saber

Pp
por Dafne Davidson
ilustrado por Diana Schoenbrun

Me gusta la Pp
por Dafne Davidson

 PALABRAS QUE QUIERO SABER
Palabras de uso frecuente

yo

gusta

Librito de vocabulario

Haz una cometa
por Becca Houston
HOUGHTON MIFFLIN

Tarjetas de contexto

Dicen que yo tengo una familia grande.

 RI.K.7 describe relationships between illustrations and the text; **RF.K.3c** read common high-frequency words by sight

ESTÁNDARES COMUNES

 Aprende en línea

▸ Aprendiste estas palabras. Haz una oración con cada una.

yo

Dicen que **yo** tengo una familia grande.

gusta

¡Nos **gusta** ir a la escuela!

Es tu turno

Coméntalo

Las cosas más útiles del mundo
ANDREW CLEMENTS
Fotografías de Raquel Jaramillo

¿Cómo las herramientas nos ayudan a hacer cosas con las manos? Di a un compañero lo que piensas.

Pp

por Dafne Davidson

ilustrado por Diana Schoenbrun

51

Pp

Me gusta la Pp

por Dafne Davidson

Yo

Pp

Me gusta la .

Me gusta el .

Me gusta el  y la  .

Palabras que quiero saber

▶ Lee la palabra.

▶ Habla acerca de la ilustración.

 PALABRAS QUE QUIERO SABER
Palabras de uso frecuente

veo

veo

¿Qué veo en esta ciudad?

Librito de vocabulario

Tarjetas de contexto

ESTÁNDARES COMUNES

RI.K.1 ask and answer questions about key details; **RF.K.3c** read common high-frequency words by sight

Aprende en línea

Es tu turno

Coméntalo

¿Cómo usas los sentidos para aprender acerca del mundo? Díselo a un amigo.

Ss

por Lorenzo Lizárraga
ilustrado por Bernard Adnet

Ss

Yo veo

por Lorenzo Lizárraga

Yo veo el .

Yo veo la .

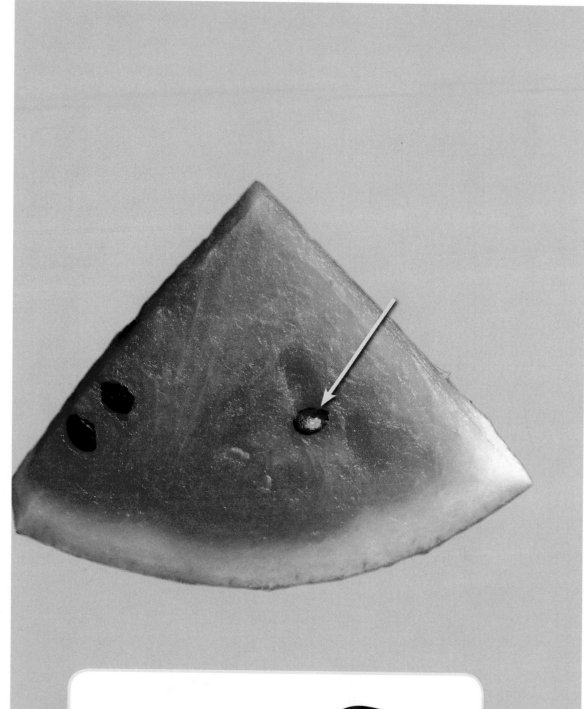

Yo veo la .

Yo veo la .

Lección

7

Leamos juntos

Palabras que quiero saber

Tt
por Nimesh Sing
ilustrado por Priscilla Burris

¿Te gusta?
por Olga Duque Díaz

 PALABRAS QUE QUIERO SABER
Palabras de uso frecuente

nosotros

nosotras

Librito de vocabulario

Tarjetas de contexto

En la granja
por Alex Cerro

HOUGHTON MIFFLIN

A nosotras nos gusta acariciar al gato.

 ESTÁNDARES COMUNES

RL.K.1 ask and answer questions about key details; **RF.K.3c** read common high-frequency words by sight

 Aprende en línea

▶ Lee la palabra.

▶ Habla acerca de la ilustración.

nosotras

A nosotras nos gusta acariciar al gato.

68

Es tu turno

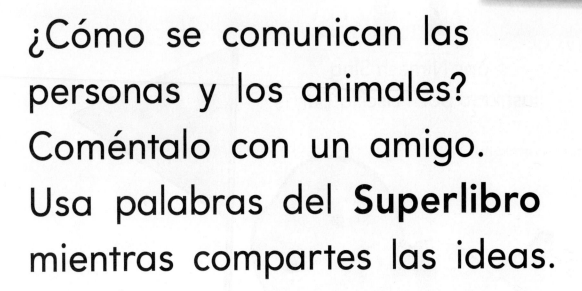

Coméntalo

¿Cómo se comunican las personas y los animales? Coméntalo con un amigo. Usa palabras del **Superlibro** mientras compartes las ideas.

Tt

por Nimesh Sing

ilustrado por Priscilla Burris

Tt

T t

¿Te gusta?

por Olga Duque Díaz

Tt

A nosotros nos gusta el .

Tt

A nosotros nos gusta el .

Tt

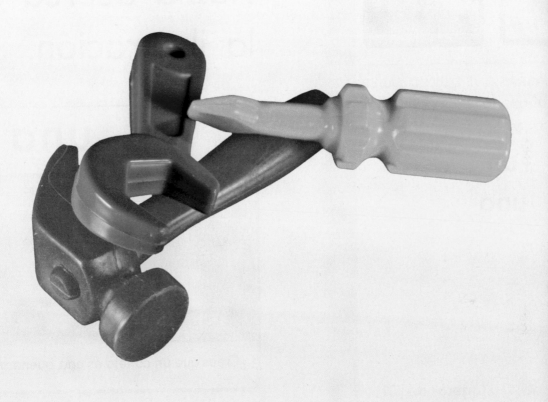

¿Te gusta?

Palabras que quiero saber

Cc
por David Ashford
ilustrado por John Segal

Veo, veo

 PALABRAS QUE QUIERO SABER
Palabras de uso frecuente

un

una

Librito de vocabulario

De visita en el parque
por Sarah Schneider

Tarjetas de contexto

 ESTÁNDARES COMUNES

RI.K.1 ask and answer questions about key details; **RI.K.7** describe relationships between illustrations and the text; **RF.K.3c** read common high-frequency words by sight

 **Aprende en línea**

▸ Lee la palabra.

▸ Habla acerca de la ilustración.

un, una

¿Crees que un conejo es una buena mascota?

Es tu turno

Coméntalo

¿Por qué los distintos animales se mueven de maneras diferentes? Coméntalo con un amigo.

Cc

por David Ashford

ilustrado por John Segal

Cc

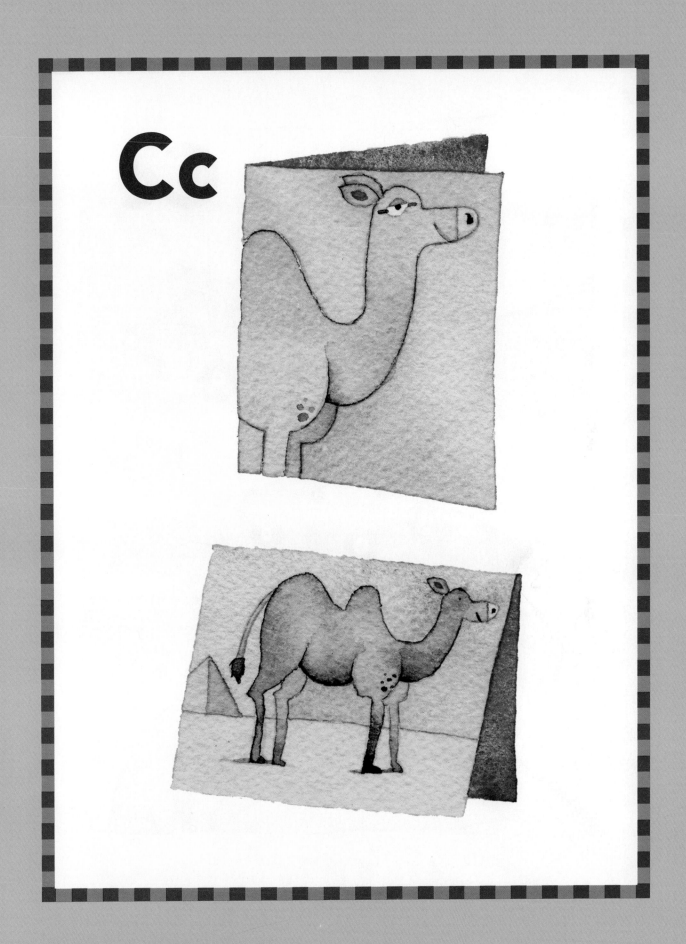

Cc

Veo, veo

por Dafne Davidson

Veo un .

Cc

Veo una .

Cc

Veo un  .

Cc

Veo una .

Leamos juntos

Palabras que quiero saber

▸ Lee la palabra.

▸ Habla acerca de la ilustración.

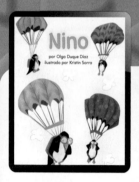

 PALABRAS QUE QUIERO SABER
Palabras de uso frecuente

a

Librito de vocabulario

Tarjetas de contexto

ESTÁNDARES COMUNES **RI.K.7** describe the relationship between illustrations and the text; **SL.K.2** confirm understanding of a text read aloud or information presented orally or through other media by asking/answering questions and requesting clarification; **RF.K.3c** read common high-frequency words by sight

a

Nos gusta ir en bicicleta **a** la playa.

Es tu turno

mi
Escritura genial

Coméntalo

¿Por qué las personas usan ruedas? Habla con un compañero.

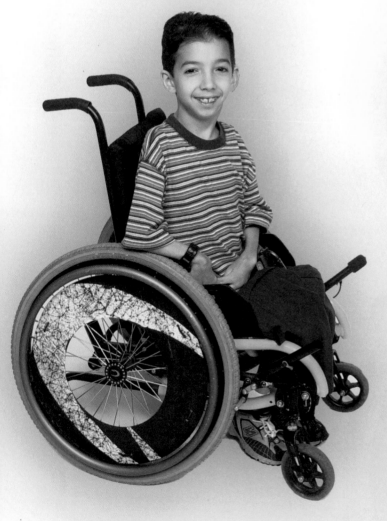

Nino

por Olga Duque Díaz

ilustrado por Kristin Sorra

Nino patina.

Nino pone una *p*.

¿A ti te gusta, Nino?

A mí me gusta el animalito

por Olga Duque Díaz

Veo y a mí me gusta.

Como y a mí me gusta.

¡Te veo!

¿No te gusta?

Un beso
por Dafne Davidson
ilustrado por Ana Ochoa

Bibi
por Dafne Davidson
ilustrado por Robin Oz

 PALABRAS QUE QUIERO SABER
Palabras de uso frecuente

veo
nosotras

Librito de vocabulario

Tarjetas de contexto

ESTÁNDARES COMUNES **RL.K.1** ask and answer questions about key details; **RL.K.3** identify characters, settings, and major events; **RF.K.3c** read common high-frequency words by sight

Aprende en línea

98

Palabras que quiero saber

▶ Aprendiste estas palabras. Haz una oración con cada una.

veo

¿Qué **veo** en esta ciudad?

nosotras

A **nosotras** nos gusta acariciar al gato.

Es tu turno

Coméntalo

Las figuras
de los ratones

Ellen Stoll Walsh

¿Qué podemos crear con figuras? Habla con un compañero.

Un beso

por Dafne Davidson
ilustrado por Ana Ochoa

Veo a Mamá.

Mamá me besa.

Veo un bebé.

Nosotros  a Bebito.

Bibi

por Dafne Davidson
ilustrado por Robin Oz

Bibi, veo un .

Bibi, nosotros .

105

Bibi sube el  .

¡A mí me gusta!

Palabras que quiero saber

Vente conmigo
por Olga Duque Díaz

Luli
por Olga Duque Díaz
ilustrado por Judith Lanfredi

 PALABRAS QUE QUIERO SABER
Palabras de uso frecuente

vente

conmigo

Librito de vocabulario

Diversión en julio
por Zachary Lambert

Tarjetas de contexto

 RI.K.1 ask and answer questions about key details; **RI.K.10** engage in group reading activities with purpose and understanding; **RF.K.3c** read common high-frequency words by sight
ESTÁNDARES COMUNES

 Aprende en línea

108

▸ Lee las palabras.

▸ Habla acerca de las ilustraciones.

vente

¡Vente a ver la lluvia!

conmigo

Mi mamá sale conmigo a pasear.

Es tu turno

Coméntalo

¿Cómo cambia el clima
en los diferentes meses y
estaciones? Coméntalo con
un amigo.

Vente conmigo

por Olga Duque Díaz

Es un animalito bebé.

—Vente conmigo, Bebé

—lo anima su mamá.

Es un animalito bebé.

—Vente conmigo, Bebé

—lo anima su mamá.

Luli

por Olga Duque Díaz
ilustrado por Judith Lanfredi

¡Luli! ¡Luli! ¡Luli!

¡Luli! ¡Luli! ¡Luli!
Vente conmigo, Luli.

¡Veo a Luli!

Le paso la mano.
Luli, Luli, Luli.

Leamos juntos

Palabras que quiero saber

Oso mimoso
por Olga Duque Díaz

Así, así
por Cara Blanco
ilustrado por Holli Conger

✓ **PALABRAS QUE QUIERO SABER**
Palabras de uso frecuente

con

mi

Librito de vocabulario

Animales en la nieve

por Elizabeth Sh...
HOUGHTON MIFFLIN

Tarjetas de contexto

El invierno llegó con mucha nieve.

ESTÁNDARES COMUNES

RL.K.1 ask and answer questions about key details; **RF.K.3c** read common high-frequency words by sight

Aprende en línea

▸ Lee las palabras.

▸ Habla acerca de las ilustraciones.

con

El invierno llegó **con** mucha nieve.

mi

El muñeco de nieve tiene **mi** bufanda.

Es tu turno

NIEVE

Manya Stojic

Coméntalo

¿Qué hacen los animales cuando cambia el clima? Coméntalo con un compañero.

Oso mimoso

por Olga Duque Díaz

Veo a Fefo, un oso solo.

Veo un oso mimoso.

Veo a Felipe con su osito.

A Felipe le gusta su osito.

Veo a Fifi, una osa fina.

Veo una osa mimosa.

Mimo a mi osito, Felo.

¿A ti te gusta Felo?

Así, así

por Cara Blanco

ilustrado por Holli Conger

A Felipe le gusta solo.
Así, así.

A Fefa le gusta sola.

Así, así.

A Fefa le gusta con Felipe.
Así, así.

Mi camisa es bonita.

Así, así.

Leamos juntos

Palabras que quiero saber

¿Y tú?
por Olga Duque Díaz
ilustrado por Shari Halpern

¡Písalo y pásalo, Roli!
por Olga Duque Díaz
ilustrado por Hideko Takahashi

 PALABRAS QUE QUIERO SABER
Palabras de uso frecuente

tú
qué

Librito de vocabulario

Muchos pájaros
por Becca Houston

Tarjetas de contexto

¿Ves tú esta mariposa?

 ESTÁNDARES COMUNES **RI.K.1** ask and answer questions about key details; **RF.K.3c** read common high-frequency words by sight; **SL.K.1a** follow rules for discussions

Aprende en línea

▸ Lee las palabras.

▸ Habla acerca de las ilustraciones.

tú

1
¿Ves **tú** esta mariposa?

qué

2
¿Puedes decir **qué** colores ves?

Es tu turno

Coméntalo

¿Cómo usan los animales las partes de su cuerpo? Coméntalo con un compañero.

¿Y tú?

por Olga Duque Díaz

ilustrado por Shari Halpern

Roni mima a su felina.   ¿Y tú?

Rosa mima a Misu.

Rosa le pasa la mano.   ¿Y tú?

Rita mima a su perrito Rolo.
Rolo corre y reposa. ¿Y tú?

¡Te veo, Rafa!

¿Qué le gusta a Rafa?

¡Písalo y pásalo, Roli!

por Olga Duque Díaz

ilustrado por
Hideko Takahashi

Veo una cosa.

Písala tú, Roli.

¿Qué veo?

¡Písalo, písalo, Roli!

¡Veo a Renato!

¡Qué risa!

¡Písalo, písalo, Roli!

El felino sube y sube.

Lo veo arriba.

¡Pásalo, pásalo, Roli!

Palabras que quiero saber

 PALABRAS QUE QUIERO SABER
Palabras de uso frecuente

quedan

ahora

Librito de vocabulario

¿Cuántos patos hay?

Tarjetas de contexto

 ESTÁNDARES COMUNES **RF.K.3c** read common high-frequency words by sight; **SL.K.2** confirm understanding of a text read aloud or information presented orally or through other media by asking/answering questions and requesting clarification

 Aprende en línea

138

▸ Lee las palabras.

▸ Habla acerca de las ilustraciones.

quedan

Sólo quedan dos tortugas en el arrecife.

ahora

La tortuga está durmiendo ahora.

Es tu turno

Coméntalo

¿Qué animales puedes encontrar cerca de un estanque? Coméntalo con un compañero.

Una foto

por Olga Duque Díaz

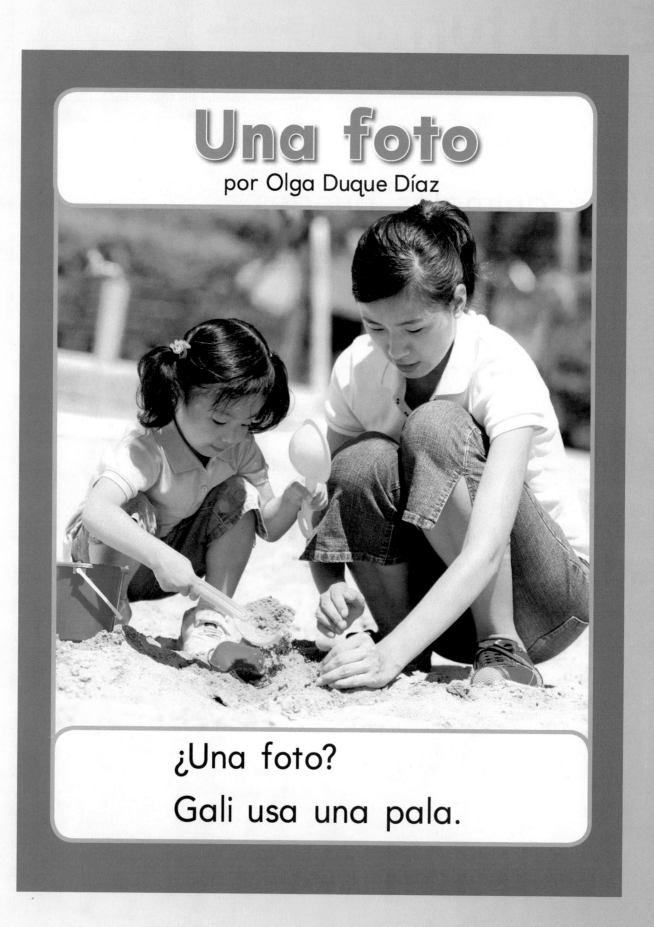

¿Una foto?

Gali usa una pala.

¿Una foto?
Rigo da una patada.

¿Una foto?

Tego usa el bate con su mamá.

Ahora toca un reposo.
¿Una foto? Ágata y su
amigo se quedan así.

Dale, dale, dale

por Olga Duque Díaz

ilustrado por
John Ceballos

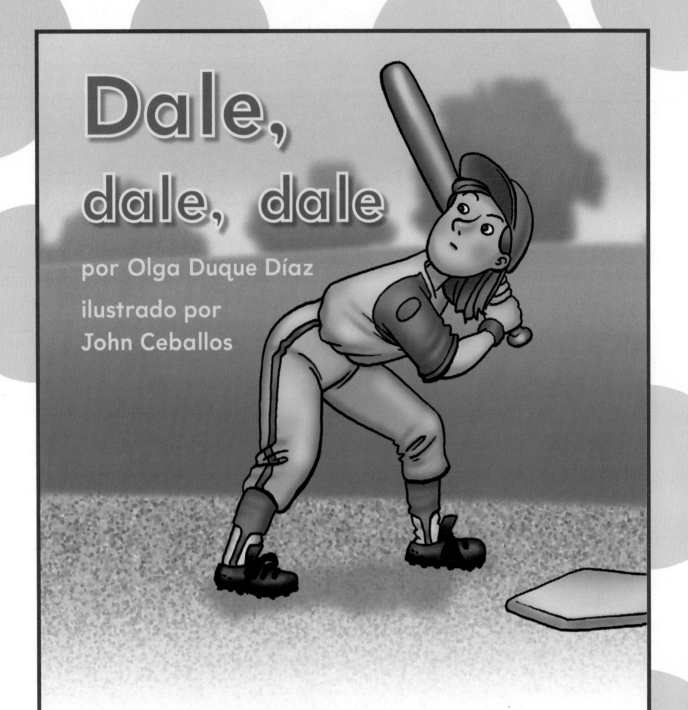

Gabi toma un bate.
Dale, dale, dale.

Dale ahora a la pelota.

Dale, dale, dale.

Tego agarra la pelota.

Dale, dale, dale.

¿Cómo quedan ahora?
Uno a uno.   ¡Qué fabuloso!

Dino, el gatito
por Olga Duque Díaz
ilustrado por Bari Weissmann

Dodó, Dudú y Dadá
por Olga Duque Díaz
ilustrado por Fahimeh Amiri

✓ **PALABRAS QUE QUIERO SABER**
Palabras de uso frecuente

vente
conmigo

Librito de vocabulario

En el cielo
por Daniel Morgan

HOUGHTON MIFFLIN

Tarjetas de contexto

¡Vente a ver la lluvia!

ESTÁNDARES COMUNES **RI.K.1** ask and answer questions about key details; **RI.K.2** identify the main topic and retell key details; **RF.K.3c** read common high-frequency words by sight

Aprende en línea

148

Palabras que quiero saber

▶ Aprendiste estas palabras. Haz una oración con cada una.

vente

¡Vente a ver la lluvia!

conmigo

Mi mamá sale conmigo a pasear.

Es tu turno

Coméntalo

¿Qué podemos ver en el cielo? Coméntalo con un amigo.

Dino, el gatito

por Olga Duque Díaz

ilustrado por Bari Weissmann

—¿Qué te gusta, Dani?

—Me gusta mi gatito.

Dani se anima con Dino.

Se quedan así un rato.

Dani lo mima con un abanico.

A Dani le da risa.

—¡Ahora vente conmigo, Dino!
¡Sí, tú! —Dina lo anima.

Dodó, Dudú y Dadá

por Olga Duque Díaz

ilustrado por Fahimeh Amiri

Dodó sale solo.

Su amigo Dudú se asoma.

—¡Sube conmigo, Dudú!

Dame la mano, mi amigo.

Dudú se sube con Dodó.

Su amiga Dadá se asoma.

¡Qué bonita!

—¡Vente ahora tú, Dadá!

Dodó, Dudú y Dadá
se quedan así.

Photo Credits

Placement Key: (r) right, (l) left, (c) center, (t) top, (b) bottom, (bg) background

3 (tl) Stephen Oliver/Alamy; (cl) Goodshot/Corbis; (b) Creatas/Jupiterimages/Getty Images; 4 (tl) Artville; (cl) © Liane Cary/AGE Fotostock; (b) ©Corbis; 5 (tl) Picture Partners/Alamy; (cl) Arco Images/Alamy; 6 (tl) William Manning/Corbis; (cl) Corbis RF/Alamy; 7 (t) © Geostock/ Getty; (cl) Jupiterimages/BananaStock/Alamy; 8 (c) Big Cheese/SuperStock; 9 (tr) © Tom & Dee Ann McCarthy/ Corbis; (b) Comstock/Getty Images; 18 (c) Brand X Pictures/ Superstock; 19 (bl) © Prod. NumÃrik/Fotolia; (br) Comstock/ Getty Images; 28 (c) Rubberball/Superstock; 29 (b) © Houghton Mifflin Harcourt/Houghton Mifflin Harcourt; 38 (tl) Stephen Oliver/Alamy; (c) Image Source/SuperStock; 39 (c) Alamy; (b) Digital Vision/Getty Images; 44 Stephen Oliver/ Alamy; 45 Scott Camazine/Alamy; 46 ImageState/Alamy; 47 (inset) © ImageState/Alamy; Larry Williams/Corbis; 48 (tl) © Goodshoot/Corbis; Brand X Pictures/Superstock; (t) Big Cheese/SuperStock; 49 (b) Creatas/Jupiterimages/Getty Images; 54 © Goodshoot/Corbis; 55 © Craige Bevil/Alamy; 56 © Don Hammond/Design Pics/Corbis; 57 FoodCollection/ AGE Fotostock; 58 (tl) Artville; (c) Joe Sohm/Pan America/ Jupiterimages; 59 (bl) William Burlingham; (br) © Houghton Mifflin Harcourt/Houghton Mifflin Harcourt; 64 Artville; 65 PhotoDisc; 66 Jupiterimages/Comstock Images/Alamy; 67 Westend61/Alamy; 68 (tl) Liane Cary/Age Fotostock; (c) Reed Kaestner/Corbis; 69 (b) © Corbis; 74 Liane Cary/Age Fotostock; 75 George Doyle/Stockbyte/Getty Images; 76 C Squared Studios; 77 Nigel Hicks/Alamy; 78 (tl) © Picture Partners/Alamy; (c) Neo Vision/Getty Images; 79 (bl) © Kim Steele/Photodisc Green/Getty Images; (bc) JupiterImages/ Polka Dot/Alamy; (br) Comstock/Getty Images; 84 © Picture Partners/Alamy; 85 Blend Images/Alamy; 86 © Tom Galliher/ Corbis; 87 Picture Partners/Alamy; 88 (tl) Arco Images/ Alamy; (c) PhotoDisc/Getty Images; 89 (bl) HRW Photo; (br) Creatas/Jupiterimages/Getty Images; 94 Arco Images/Alamy; 95 Corbis Super RF/Alamy; 96 © John Pitcher/AGE Fotostock; 97 © imagebroker/Alamy; 98 (t) Joe Sohm/Pan America/ Jupiterimages; (b) Reed Kaestner/Corbis; 99 © Houghton Mifflin Harcourt; 108 (tl) © William Manning/Corbis; (t) © Corbis Premium RF/Almay; (b) Image Source/Superstock; 109 (b) © Getty Images; 110 William Manning/Corbis; 111 Brand X Pictures; 112 Getty Images; 113 Peter Arnold, Inc./Alamy; 118 (tl) Corbis RF/Alamy; (t) Joseph De sciose/Nonstock/ Jupiterimages; (b) Thinkstock Images/Jupiterimages; 119 (b) Ilene MacDonald/Almay Images; 120 Corbis RF/Alamy; 121 Corbis; 122 © Wildseedmedia.com/Wildlife/Alamy; 123 © Jupiterimages/Polka Dot/Alamy; 128 (t) Image Source/ Superstock; (b) Lee Cannon/OnAsia.com/Jupiterimages; 129 Brand X Pictures/Getty Images; 138 (tl) Jupiterimages/ Creatas/Alamy; (t) Mathew Oldfield, Scubazoo/SPL/Photo Researchers, Inc.; (b) © Trevor Booth Photography/Alamy Images; 139 (bl) © Steve Hamblin/Alamy; (bc) © Geostock/Getty; (br) © Sylwia Domaradzka/Alamy; 140 Jupiterimages/Creatas/Alamy; 141 © Elvele Images/Alamy; 142 Jupiterimages/Polka Dot/Alamy; 143 © Image Source Black/Alamy; 148 (t) Ken McGraw/Index Stock Imagery/ Jupiterimages; (b) Image Source/Superstock; 149 (tr) © BananaStock/SuperStock; (b) Digital Vision/Getty Images.